Für Nadine

Printed in Germany
ISBN 3-7707-6336-X

DER ROLLMOPS

Ein Bilderrätselbuch
von Karl-Heinz Appelmann

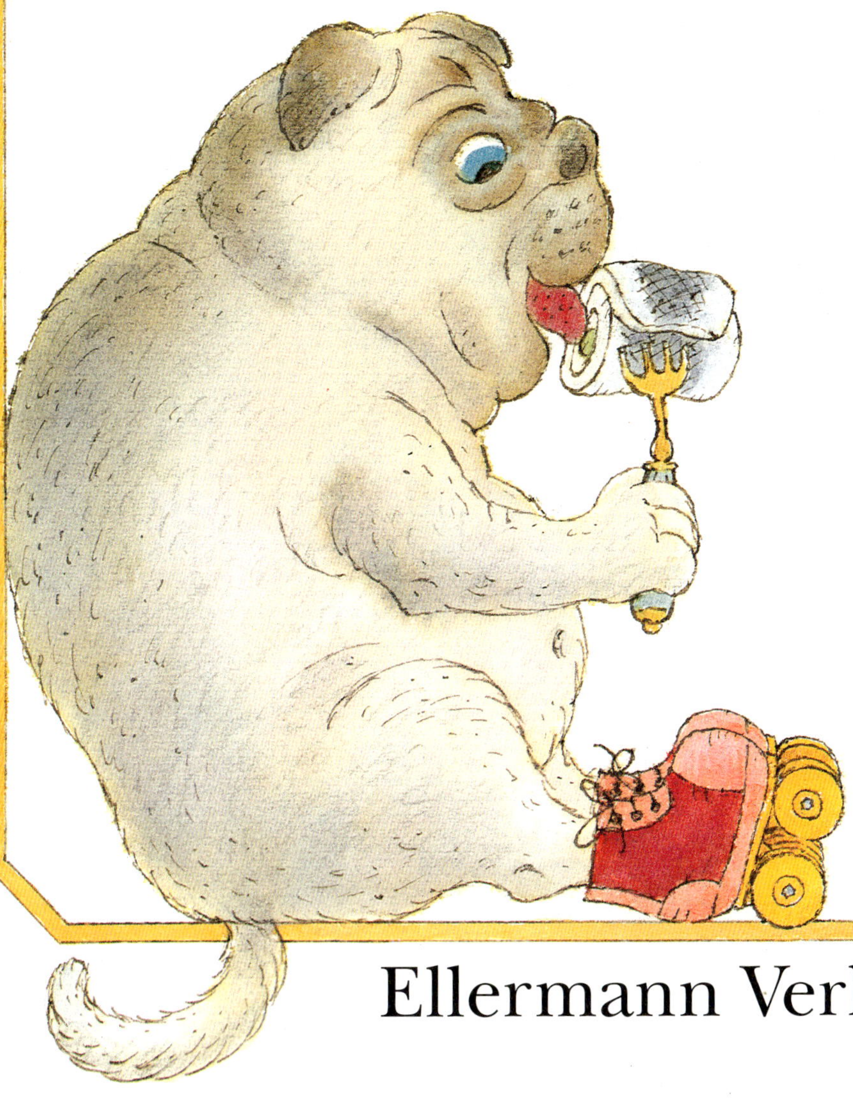

Ellermann Verlag

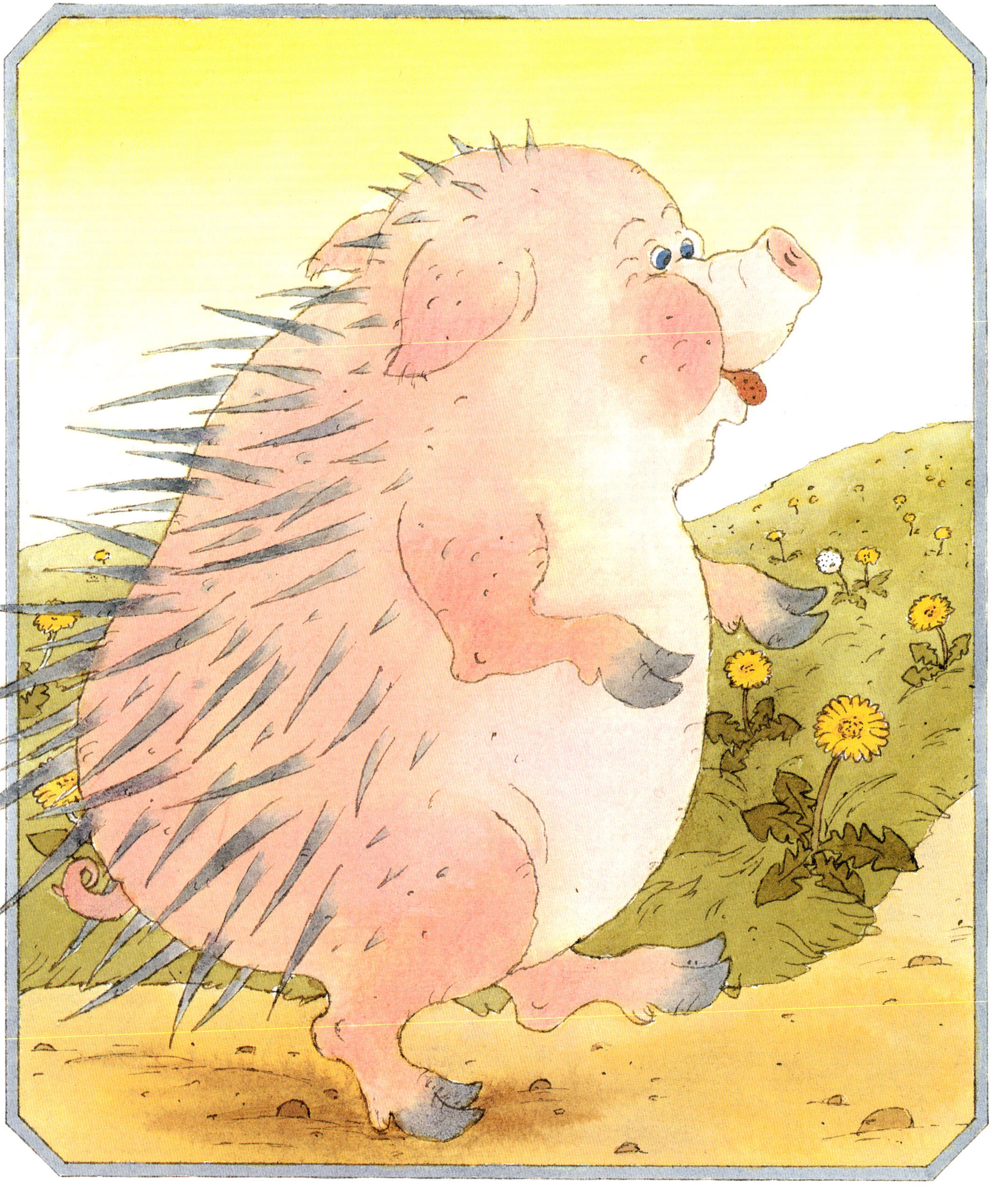

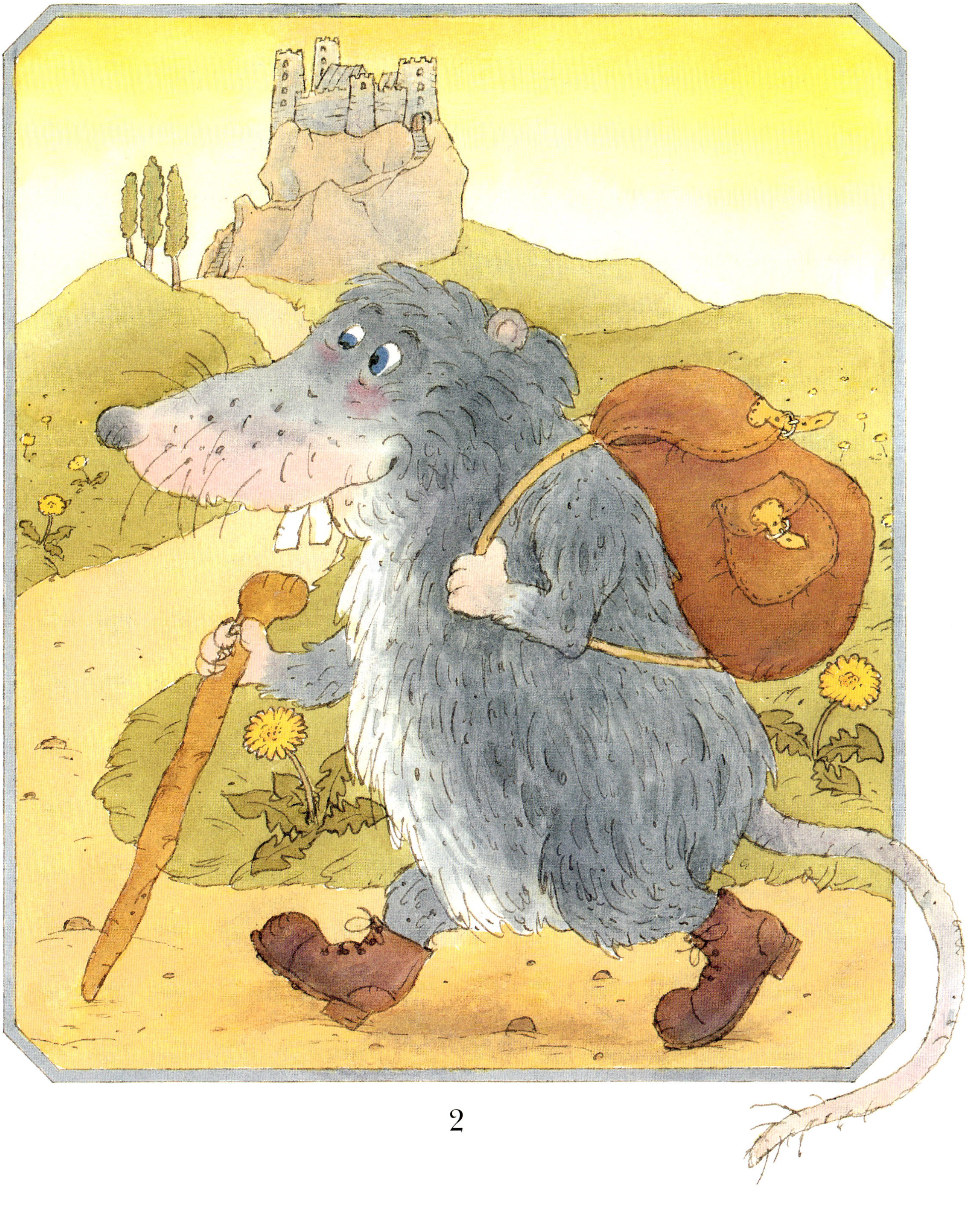

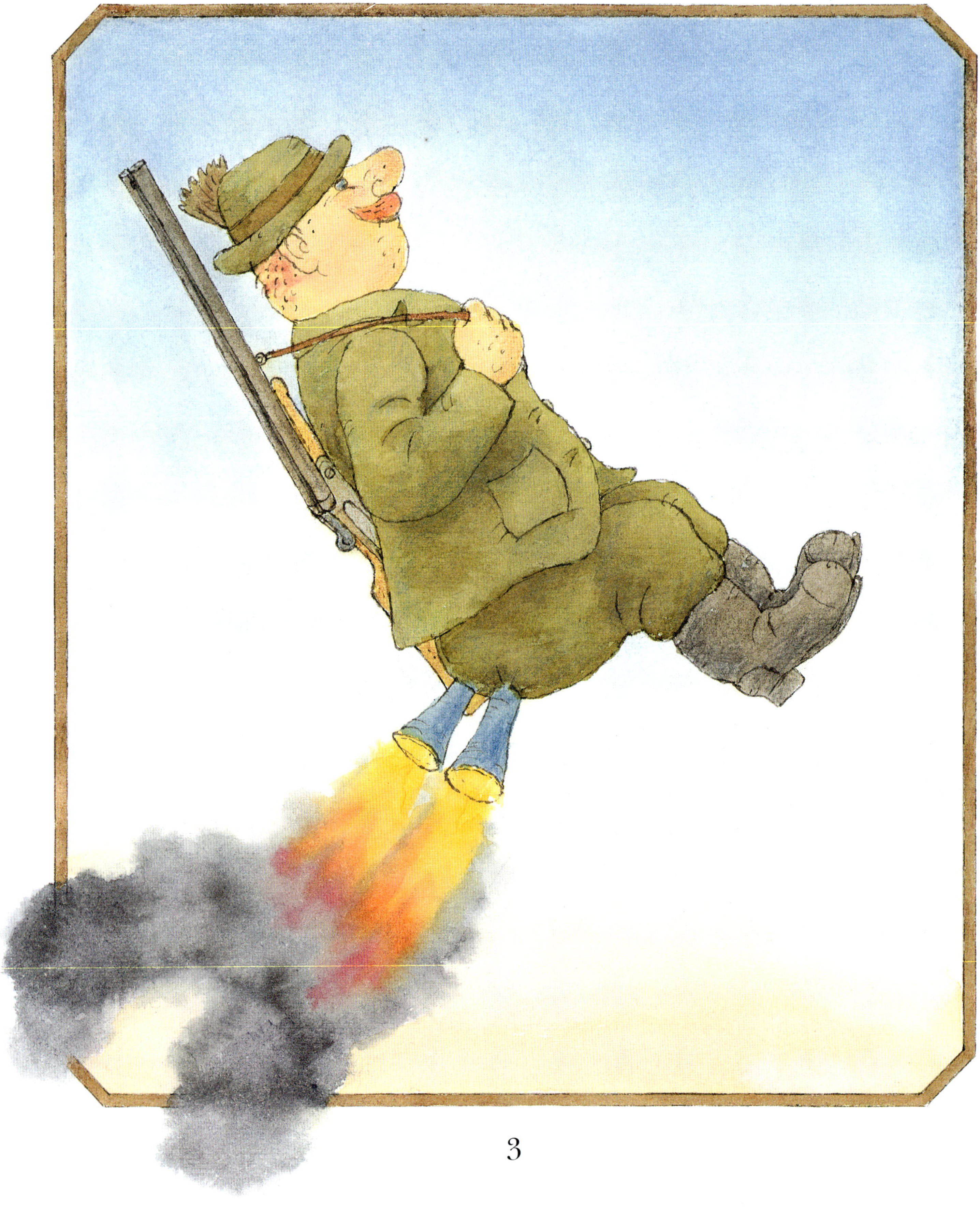

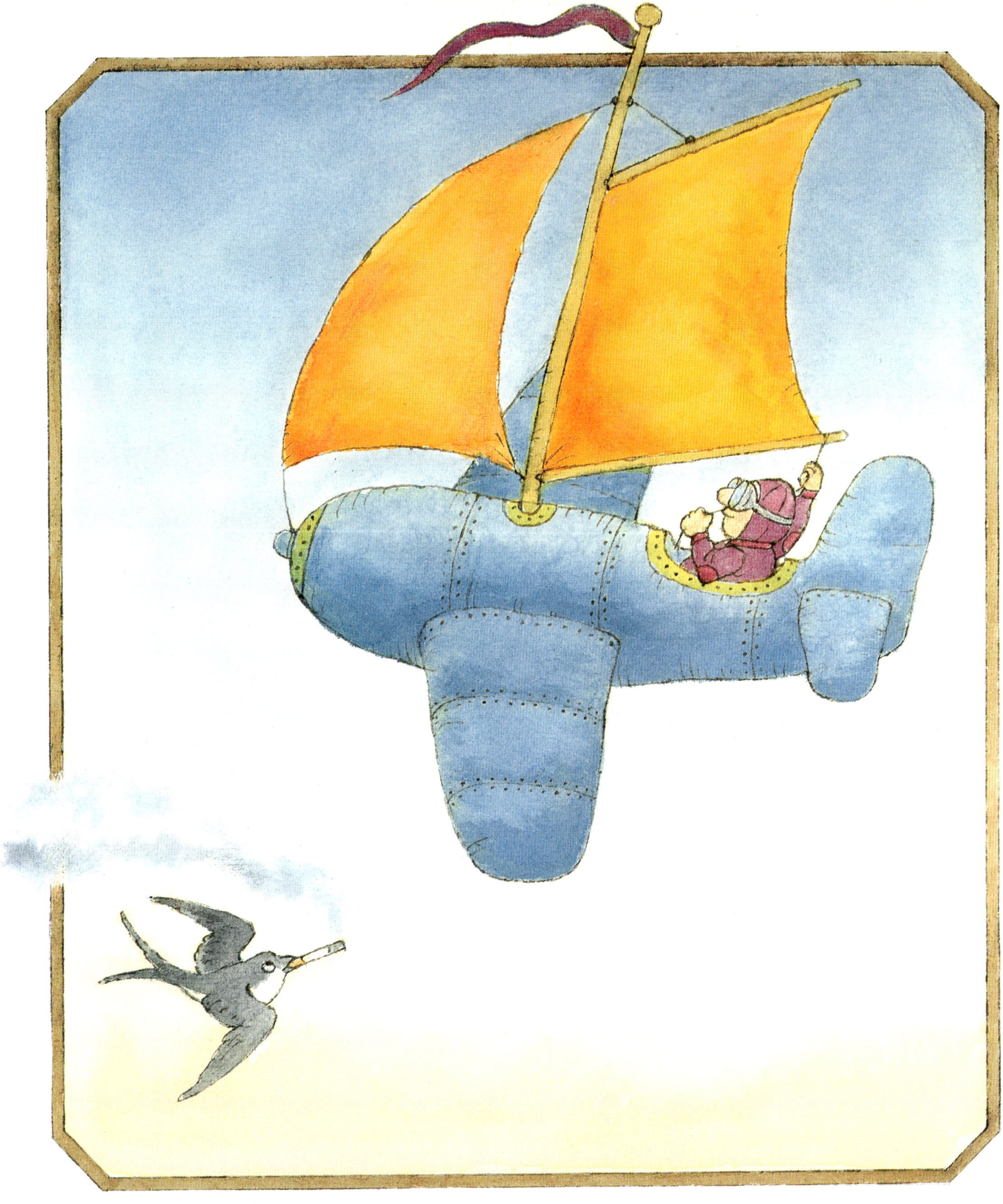

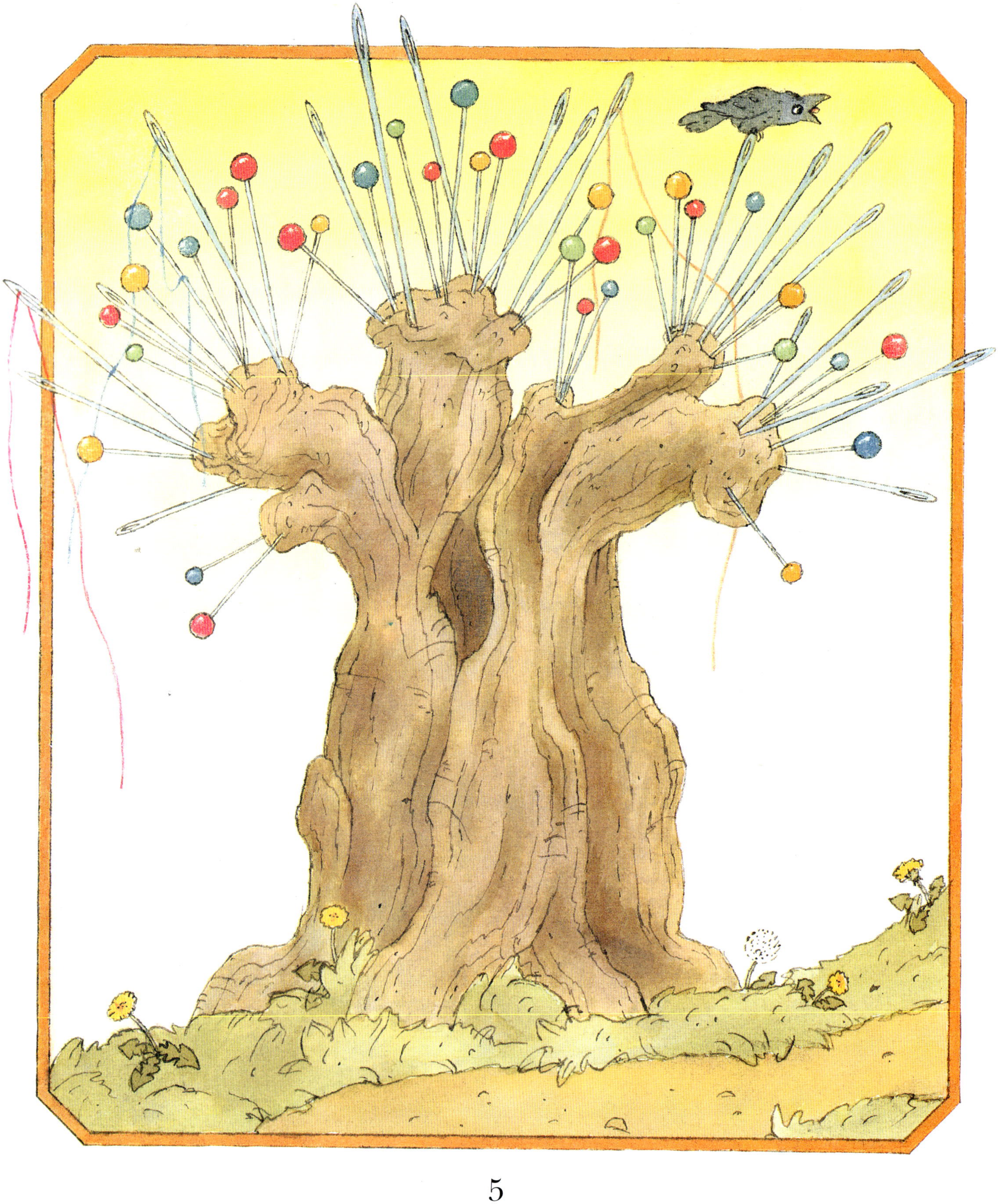

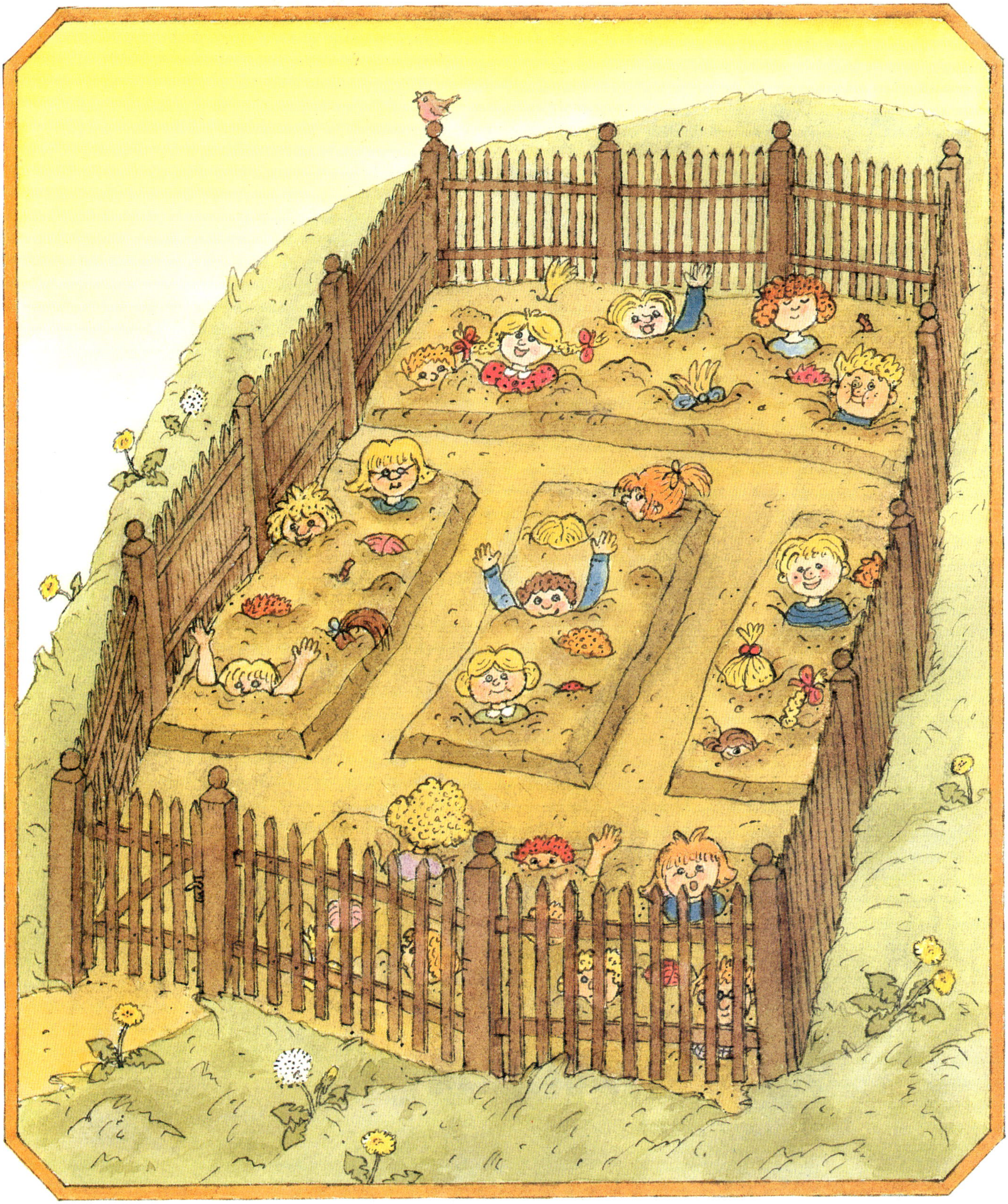

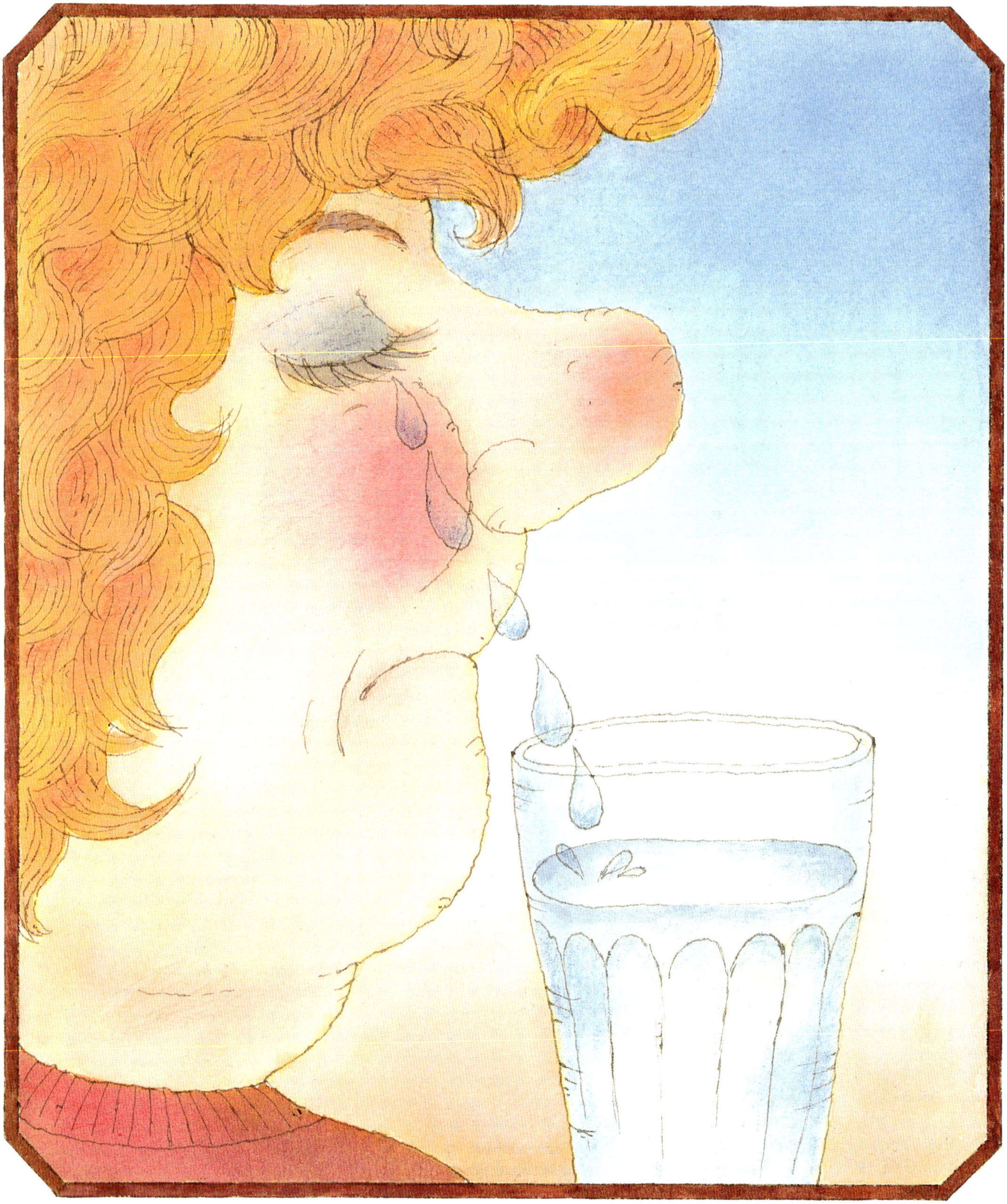

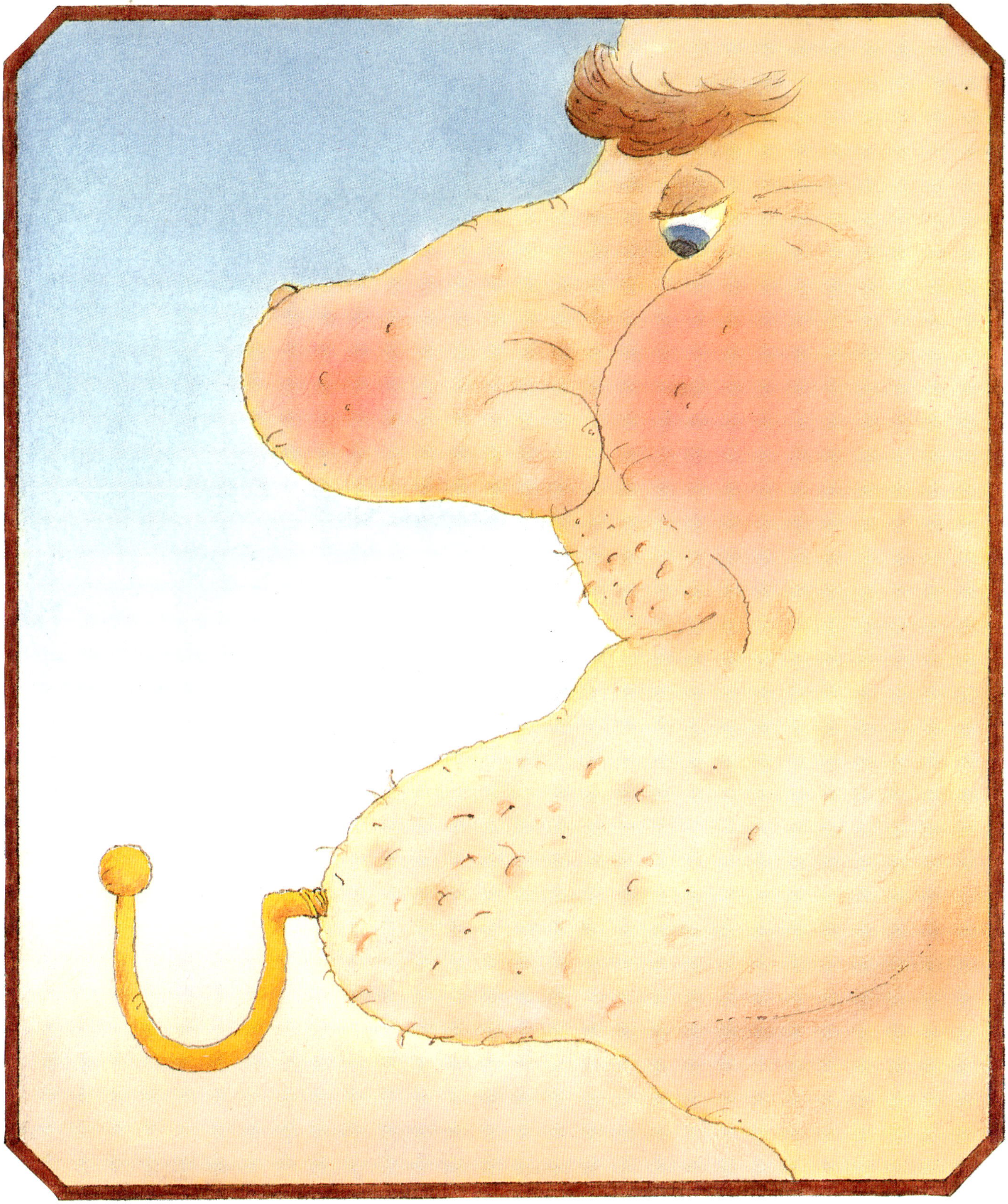

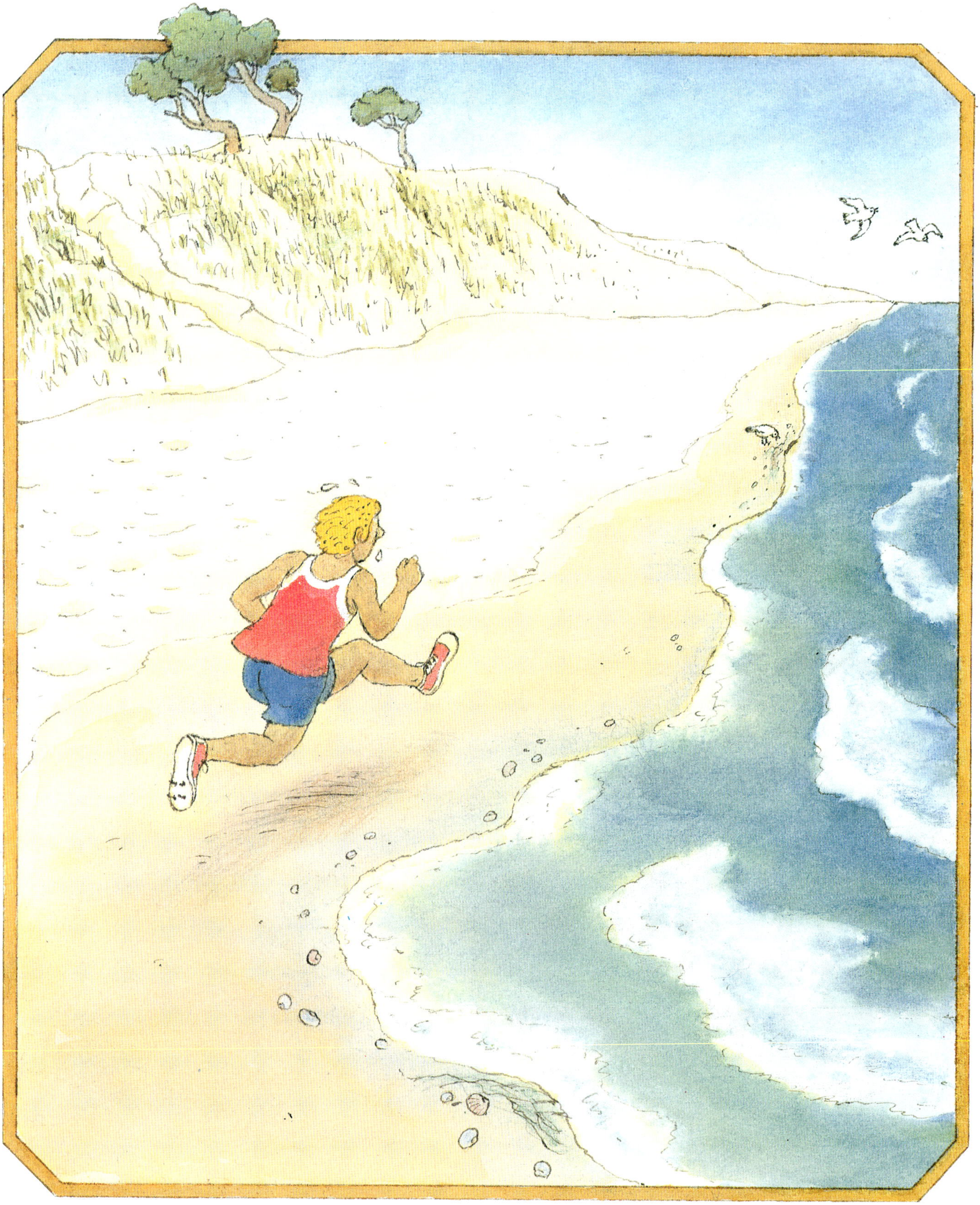

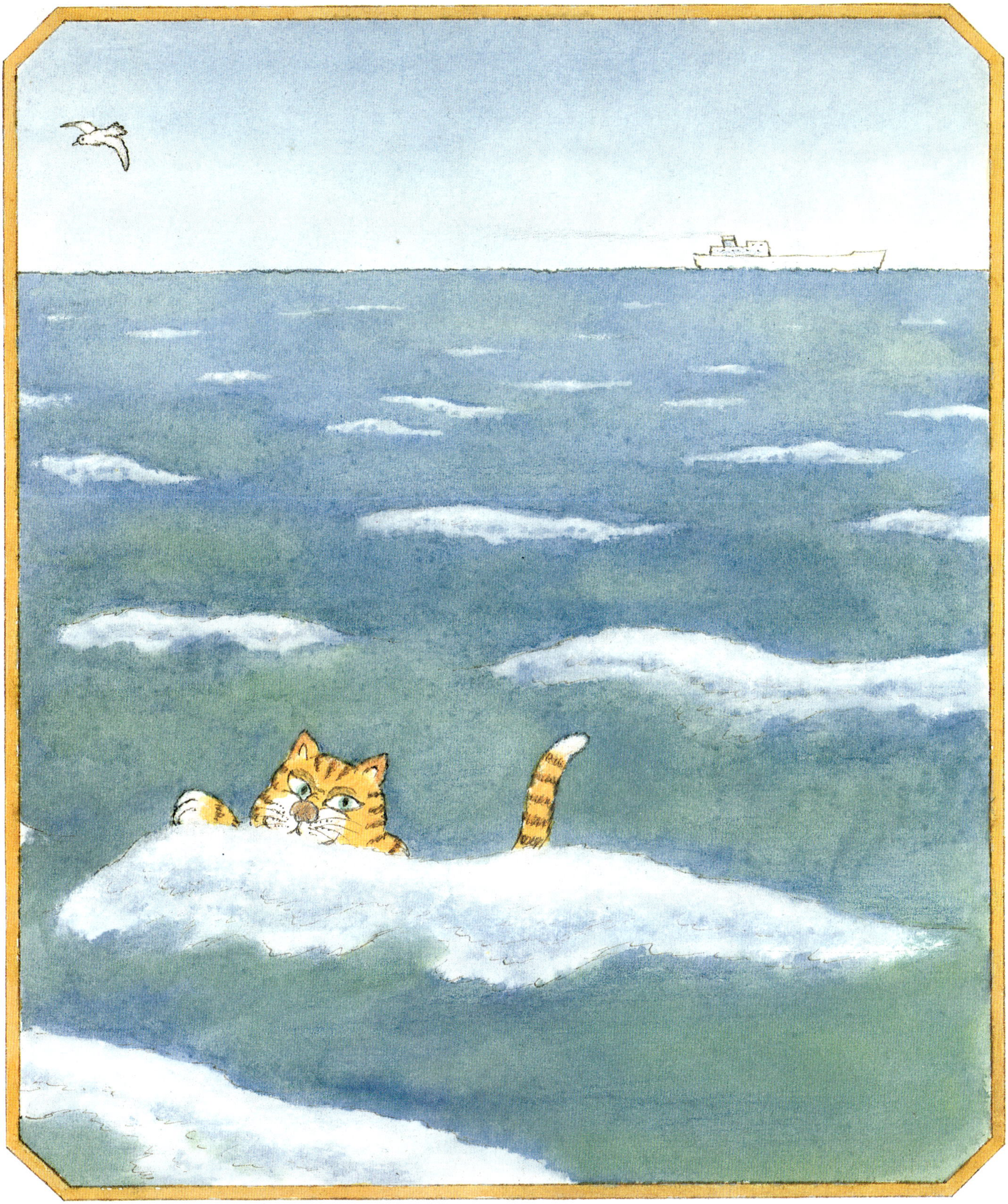

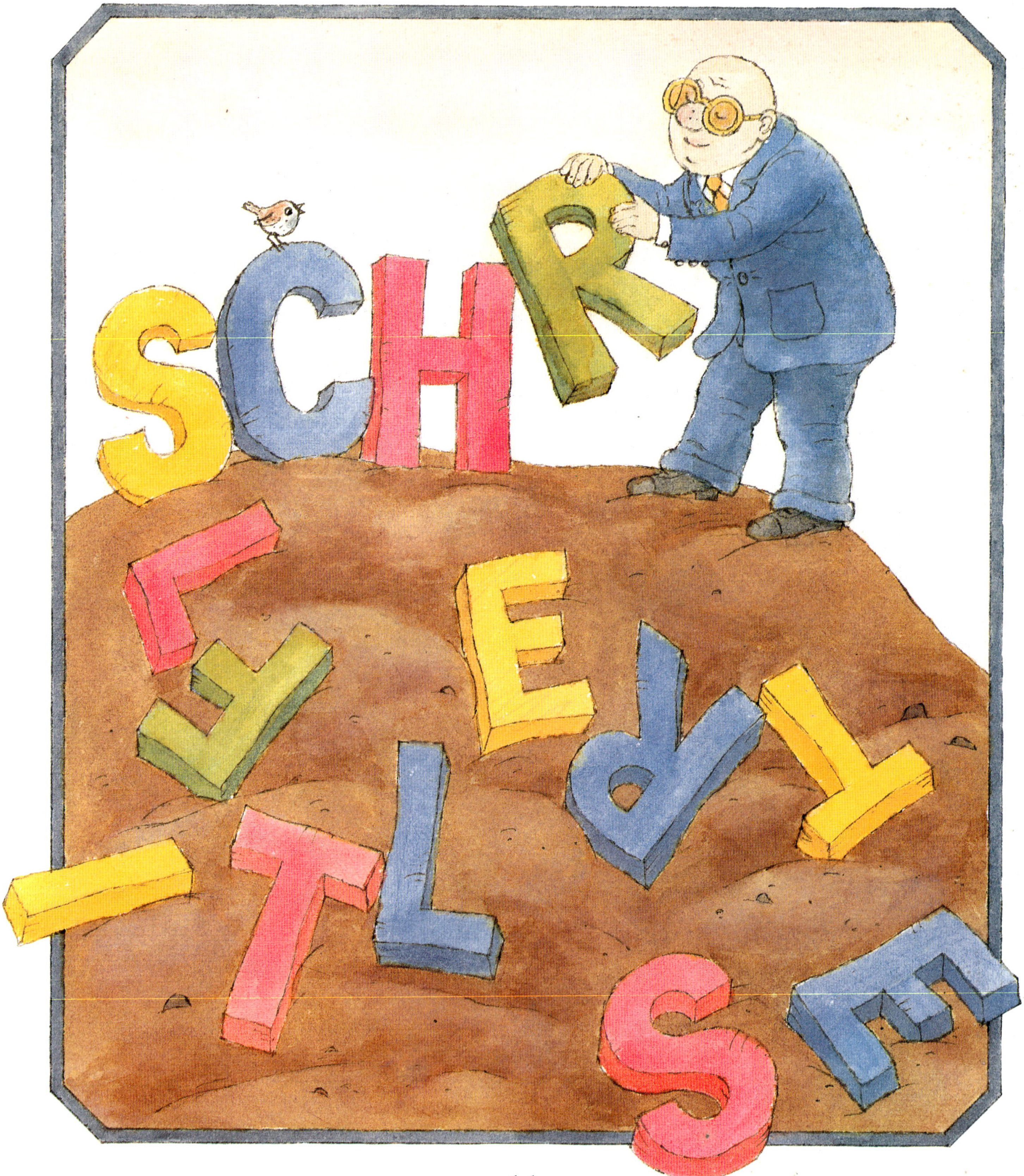
SCHR

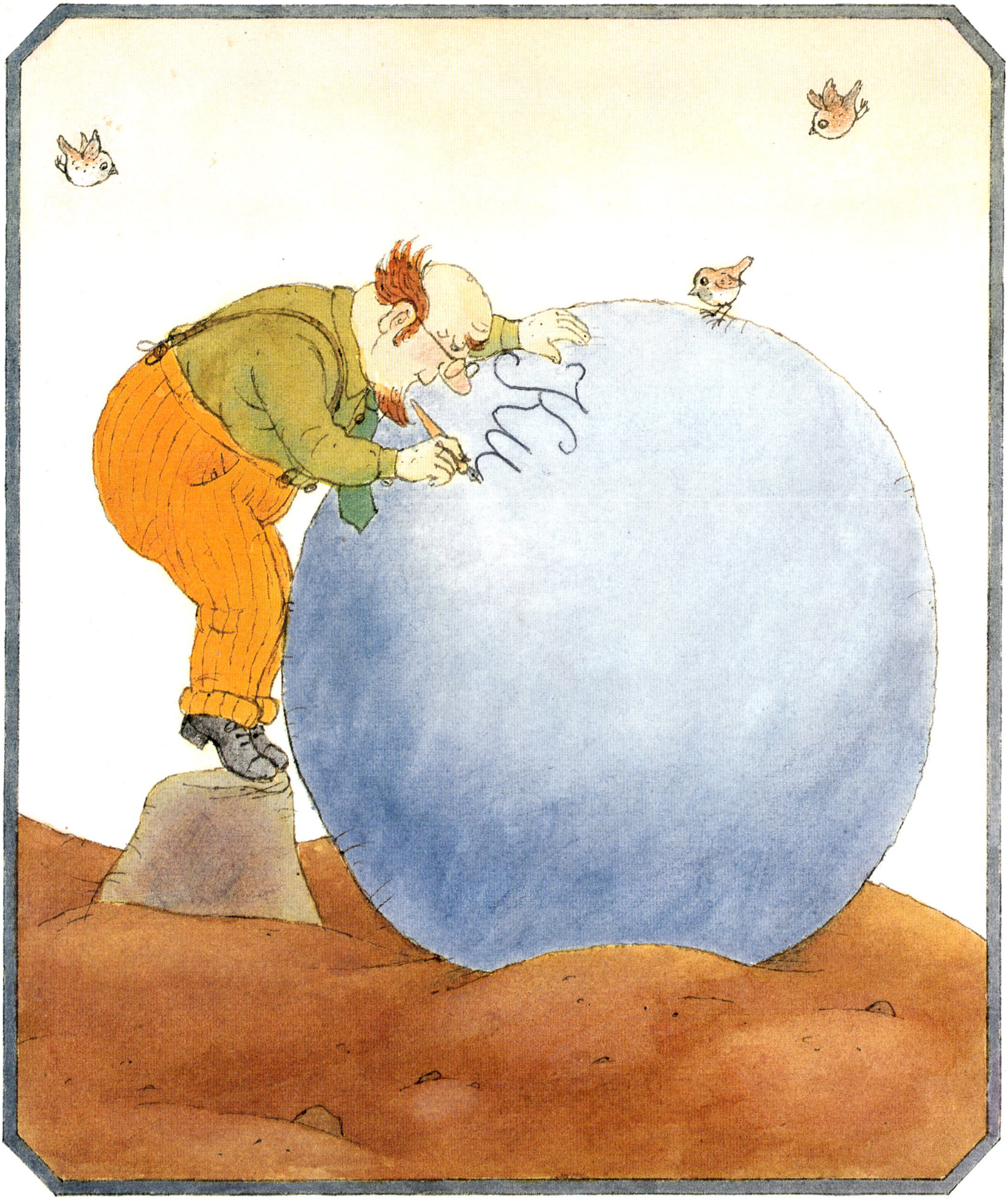

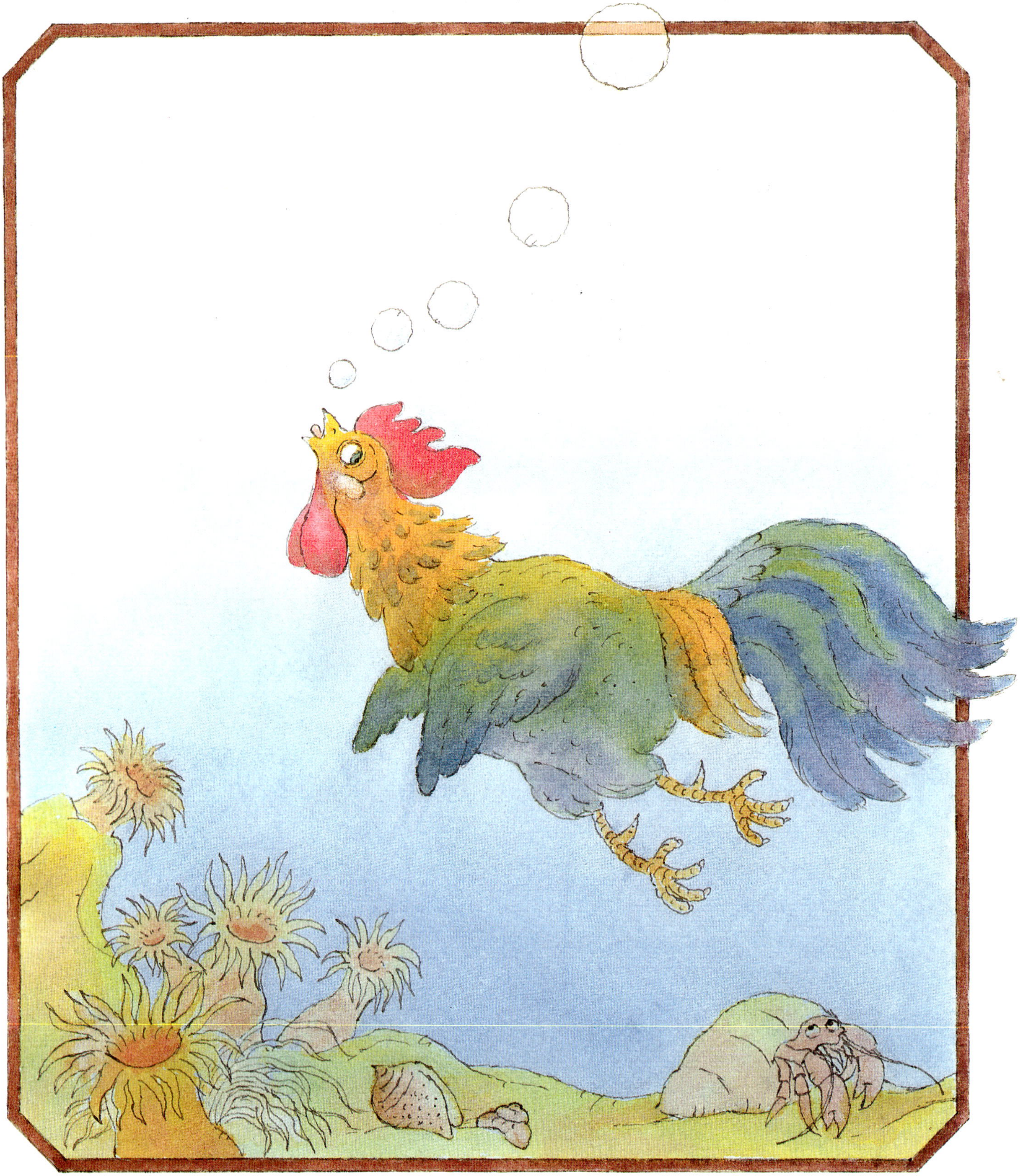

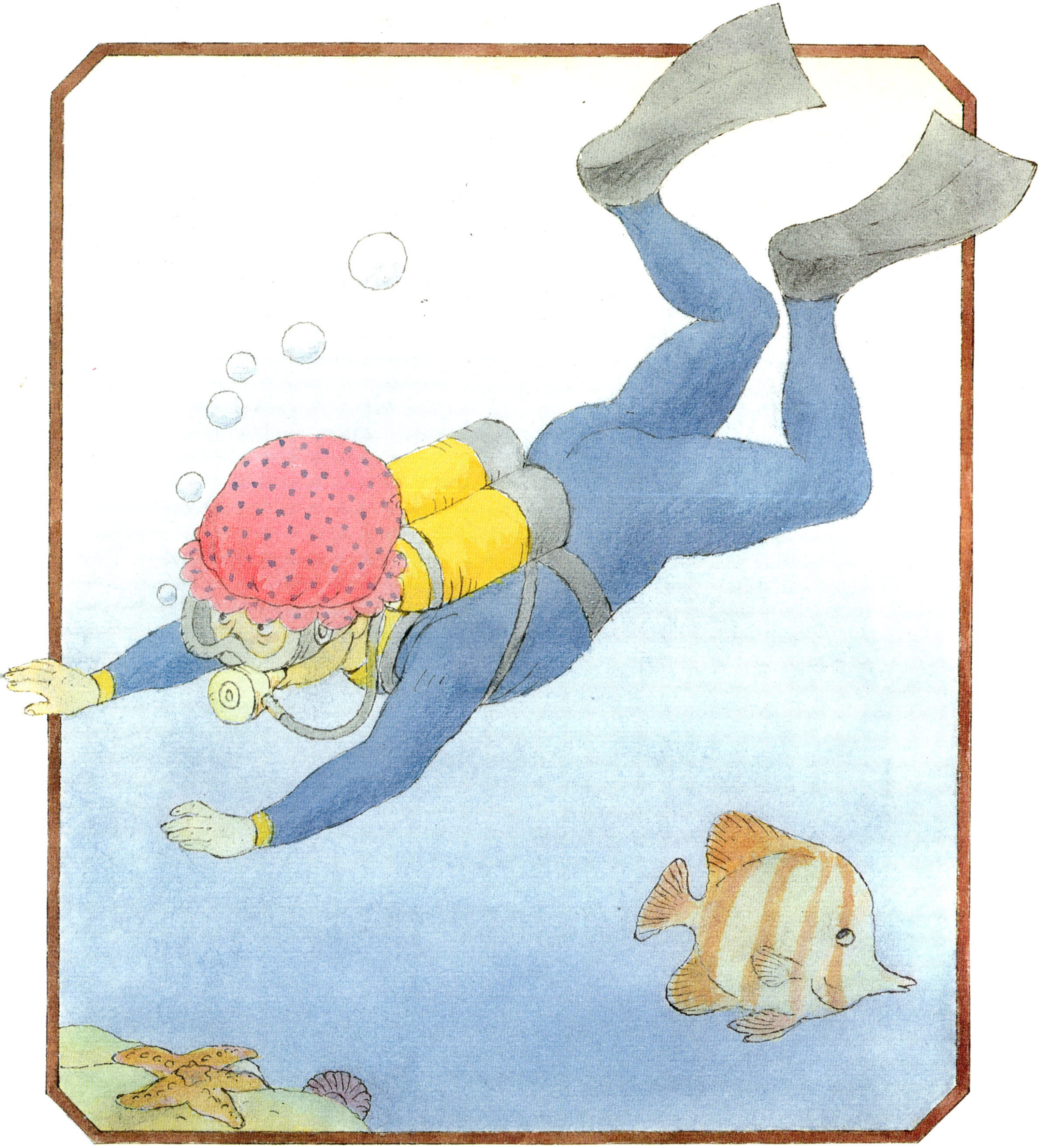

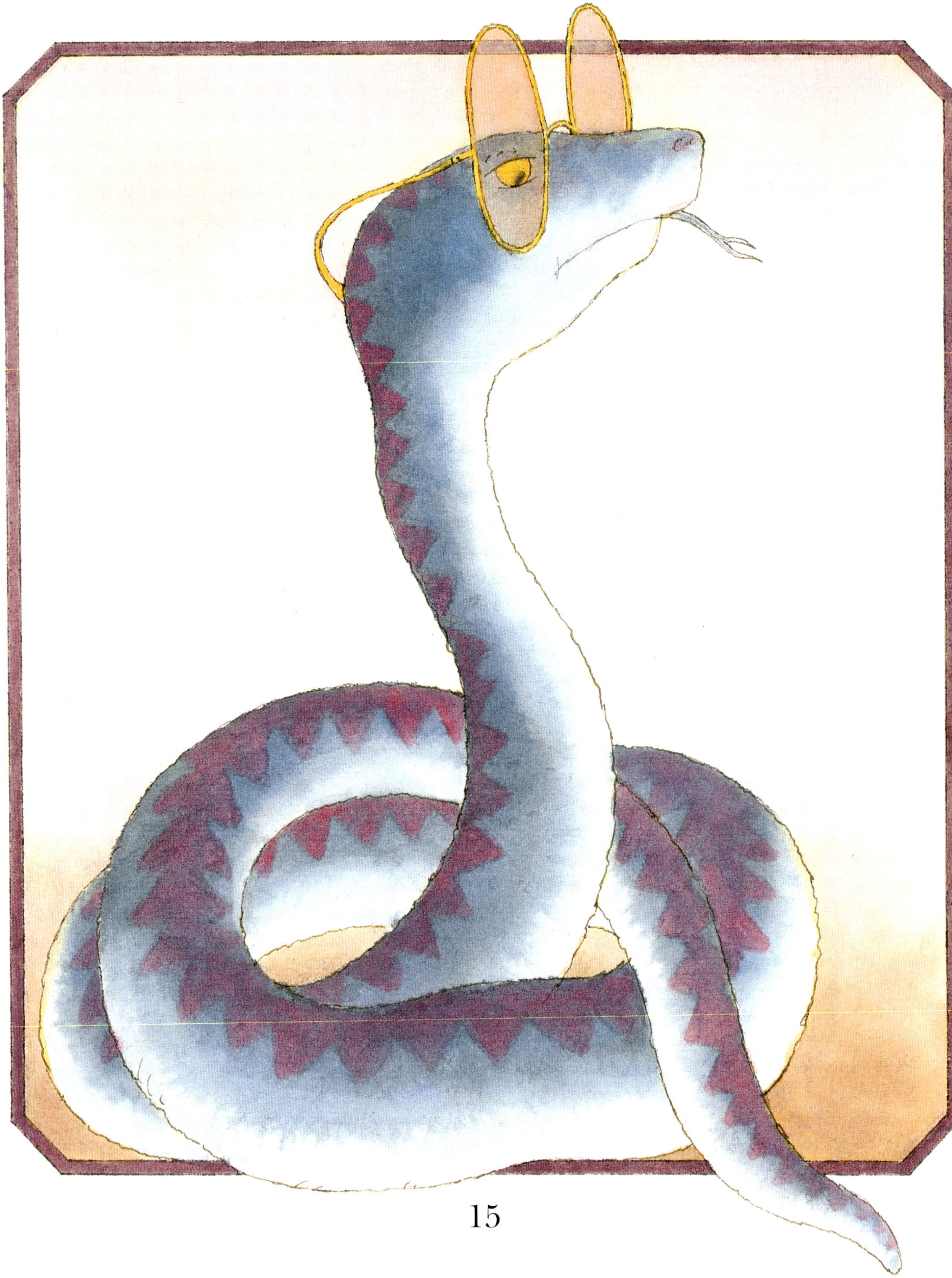

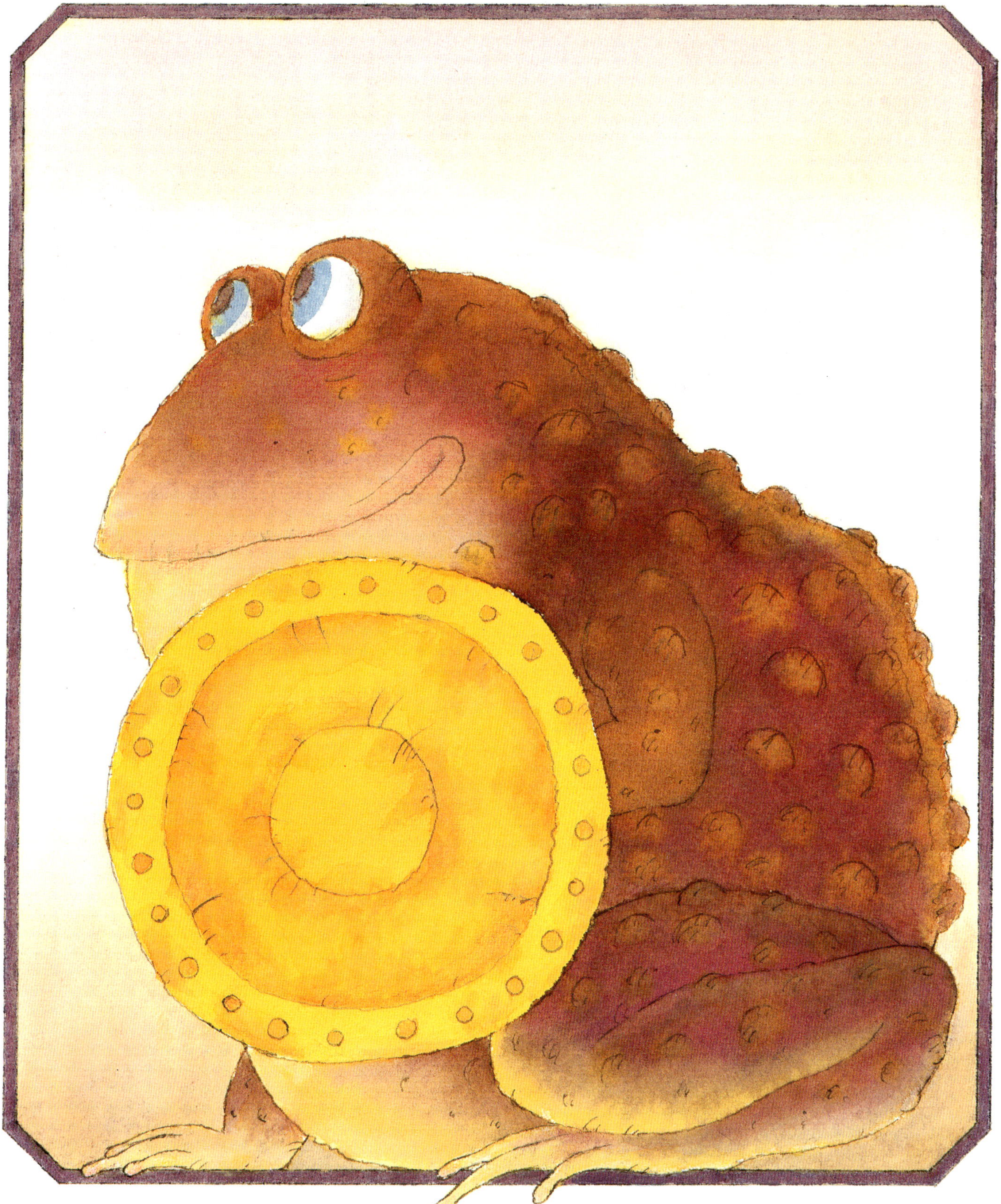

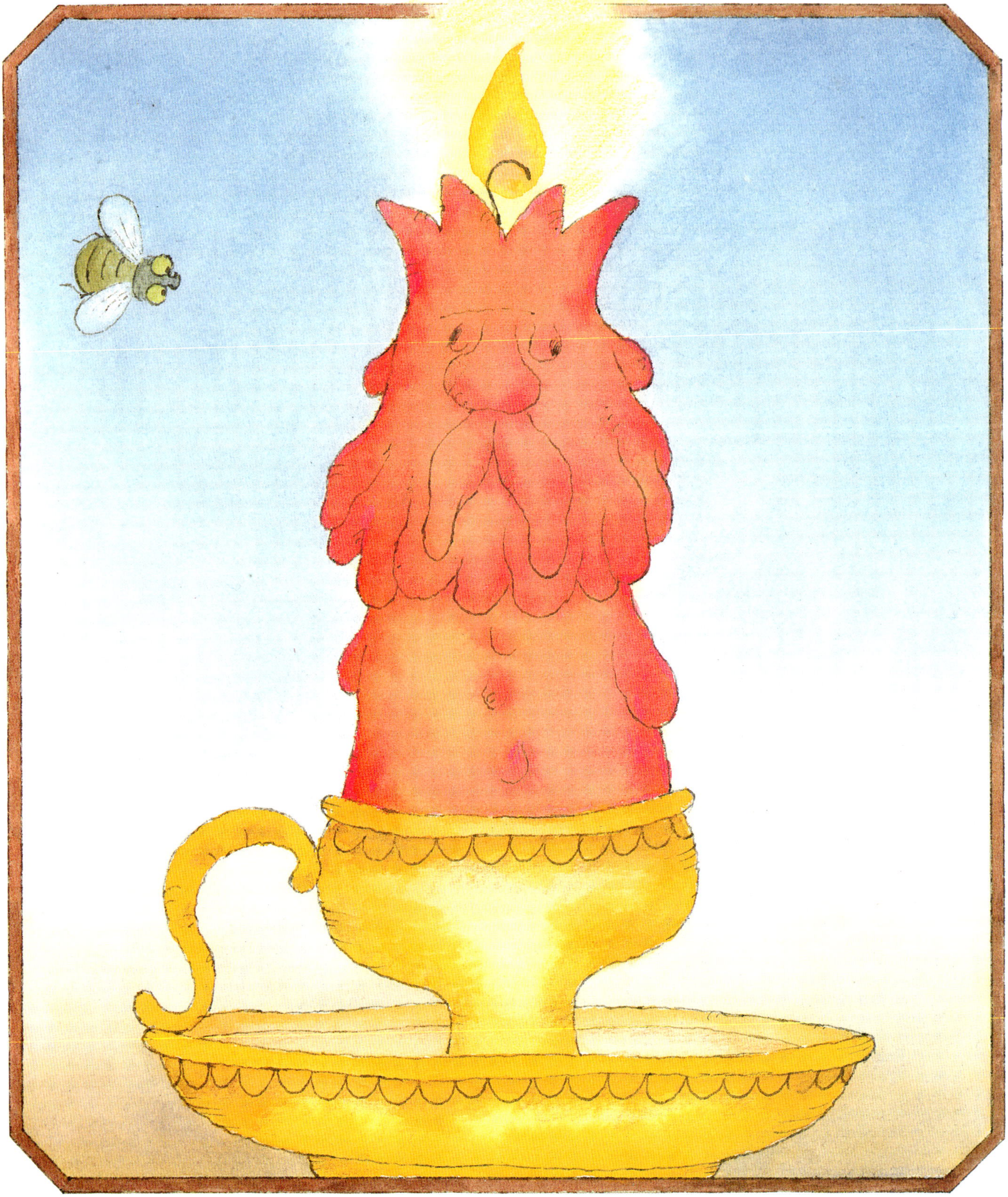

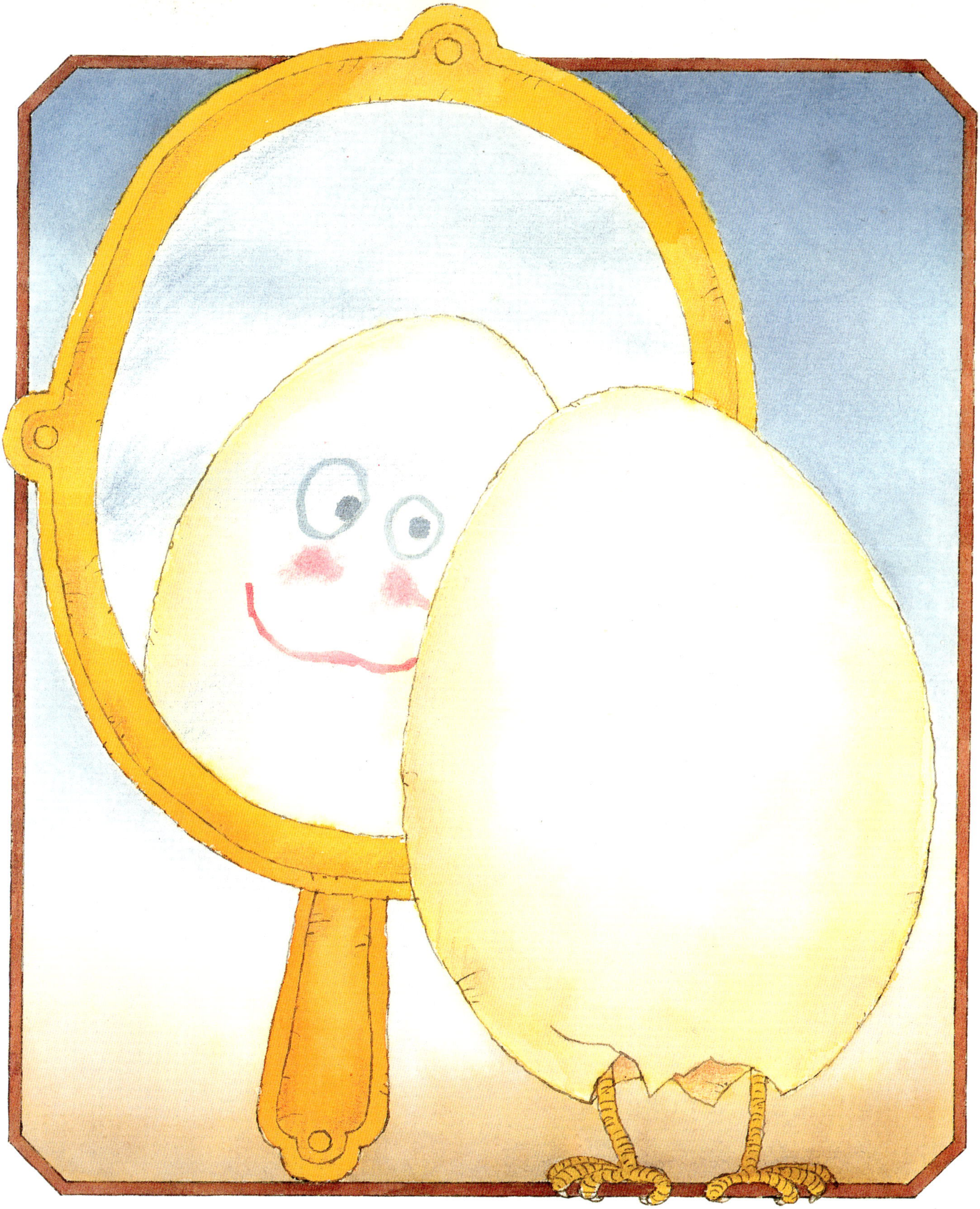

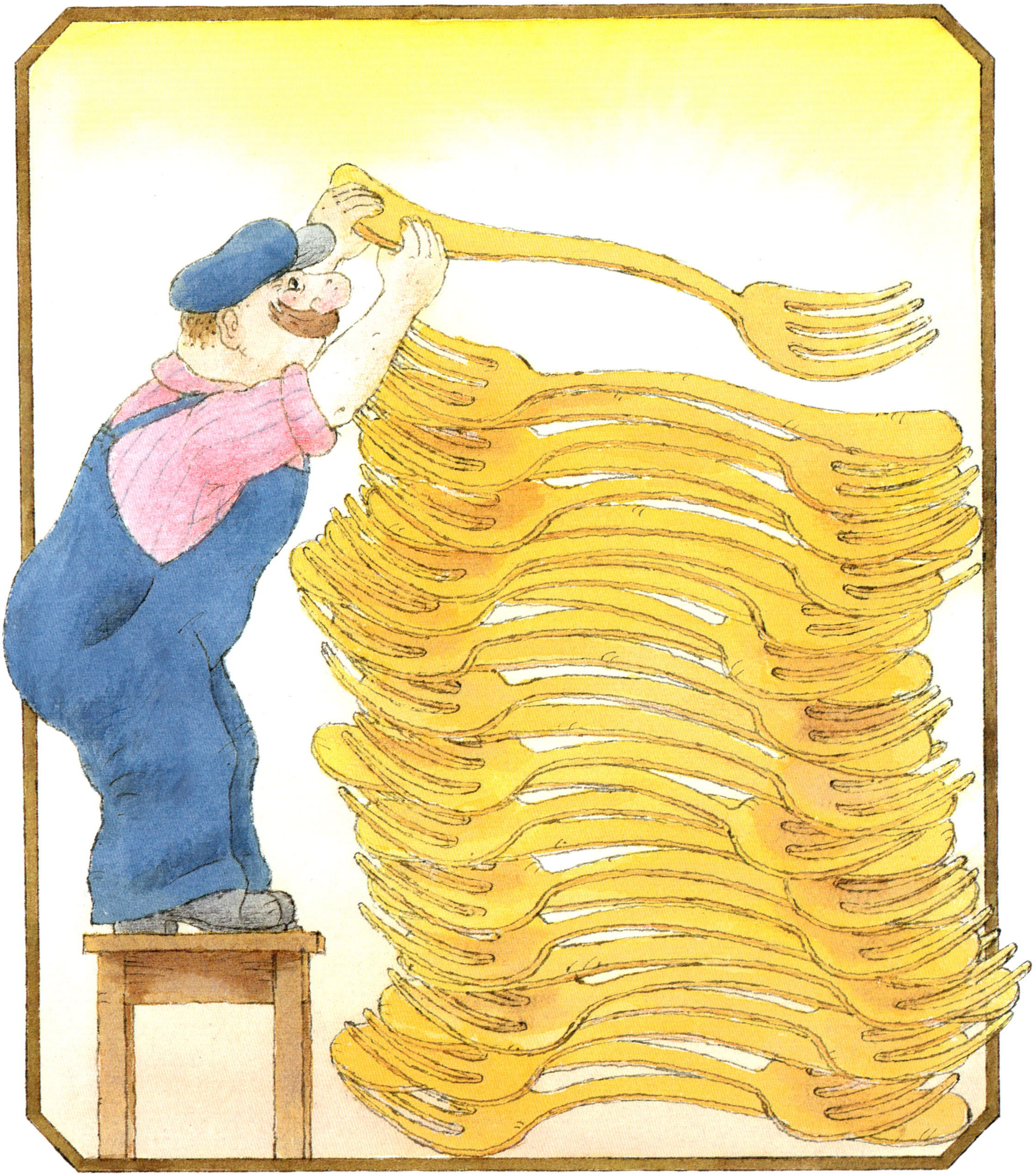

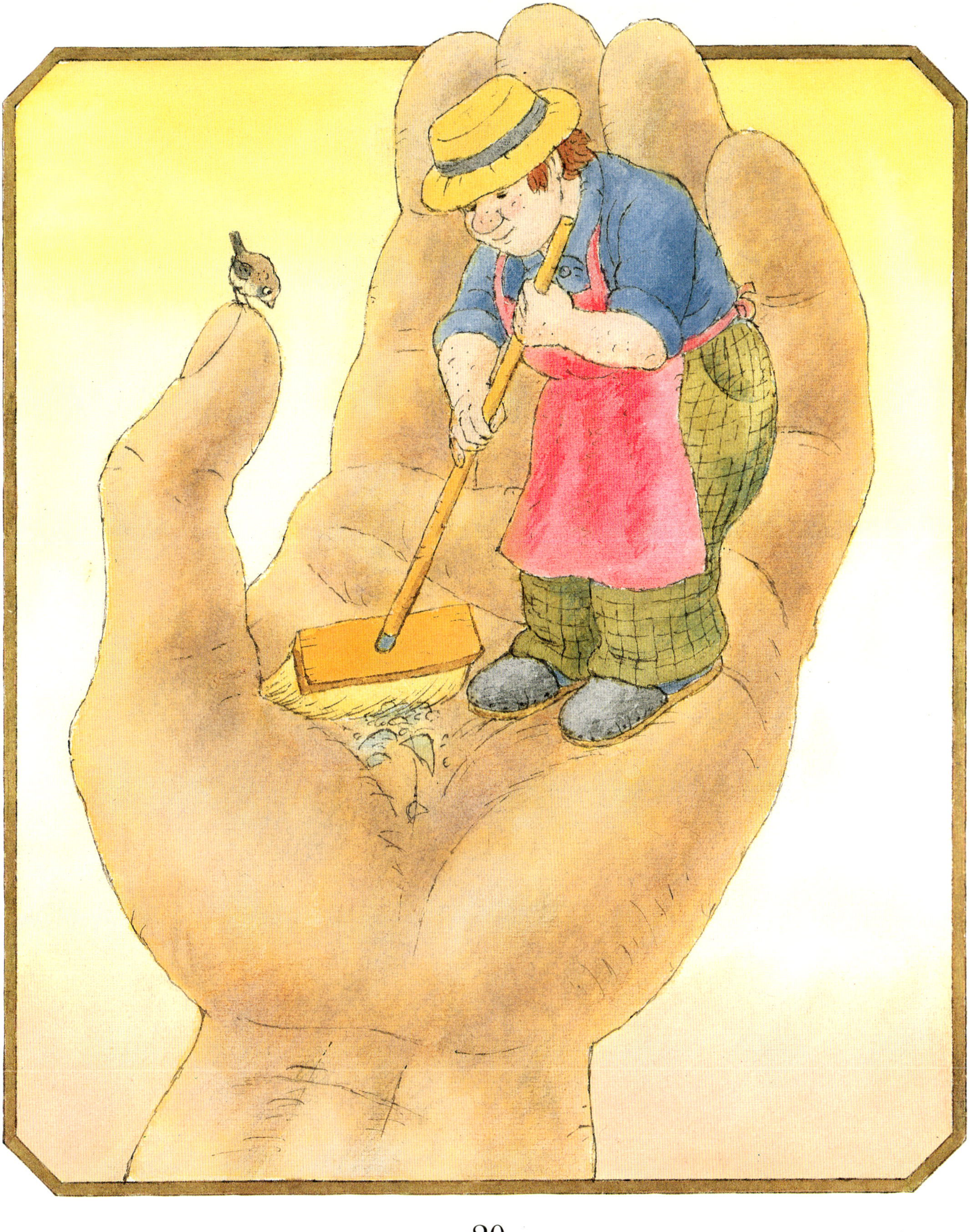

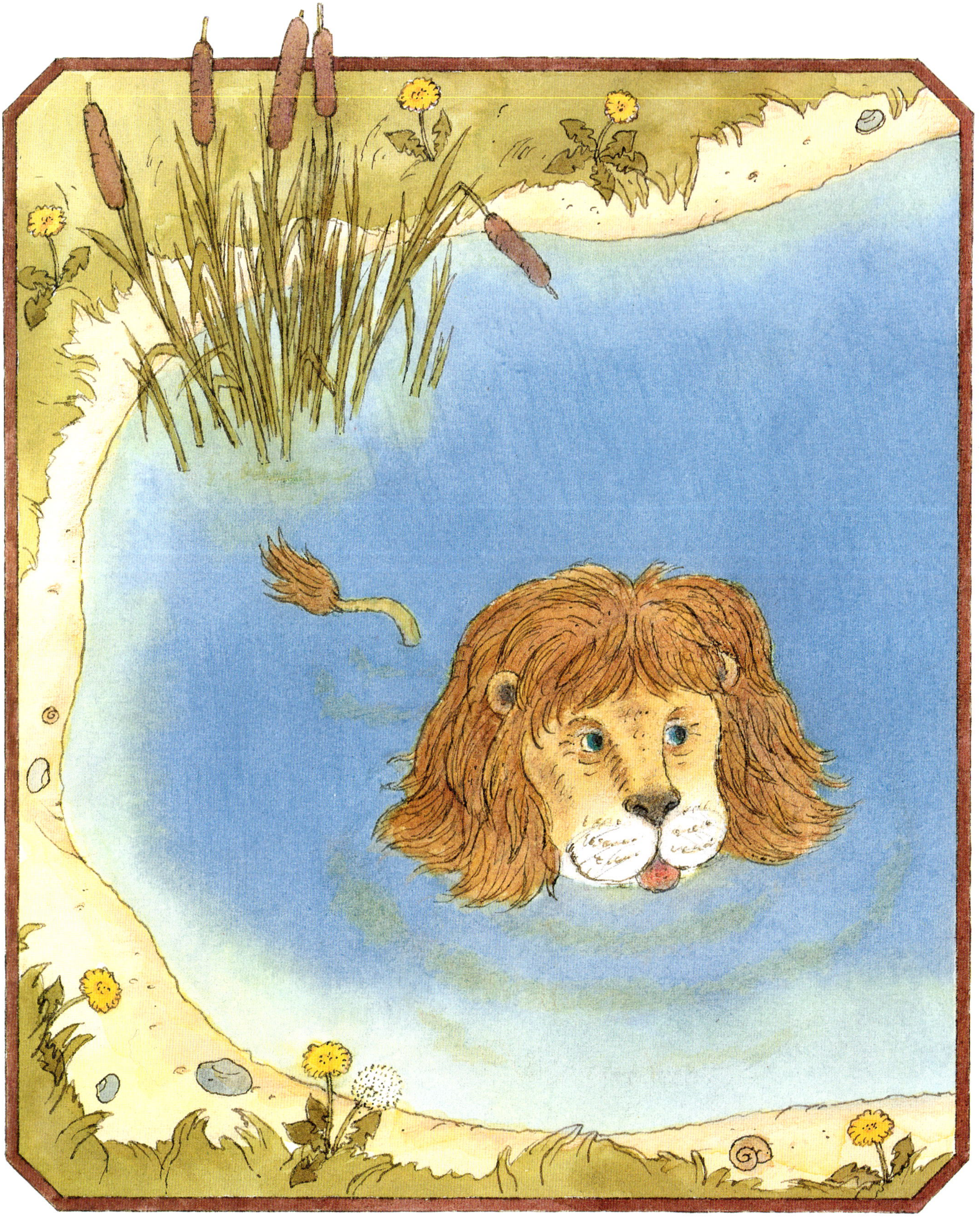

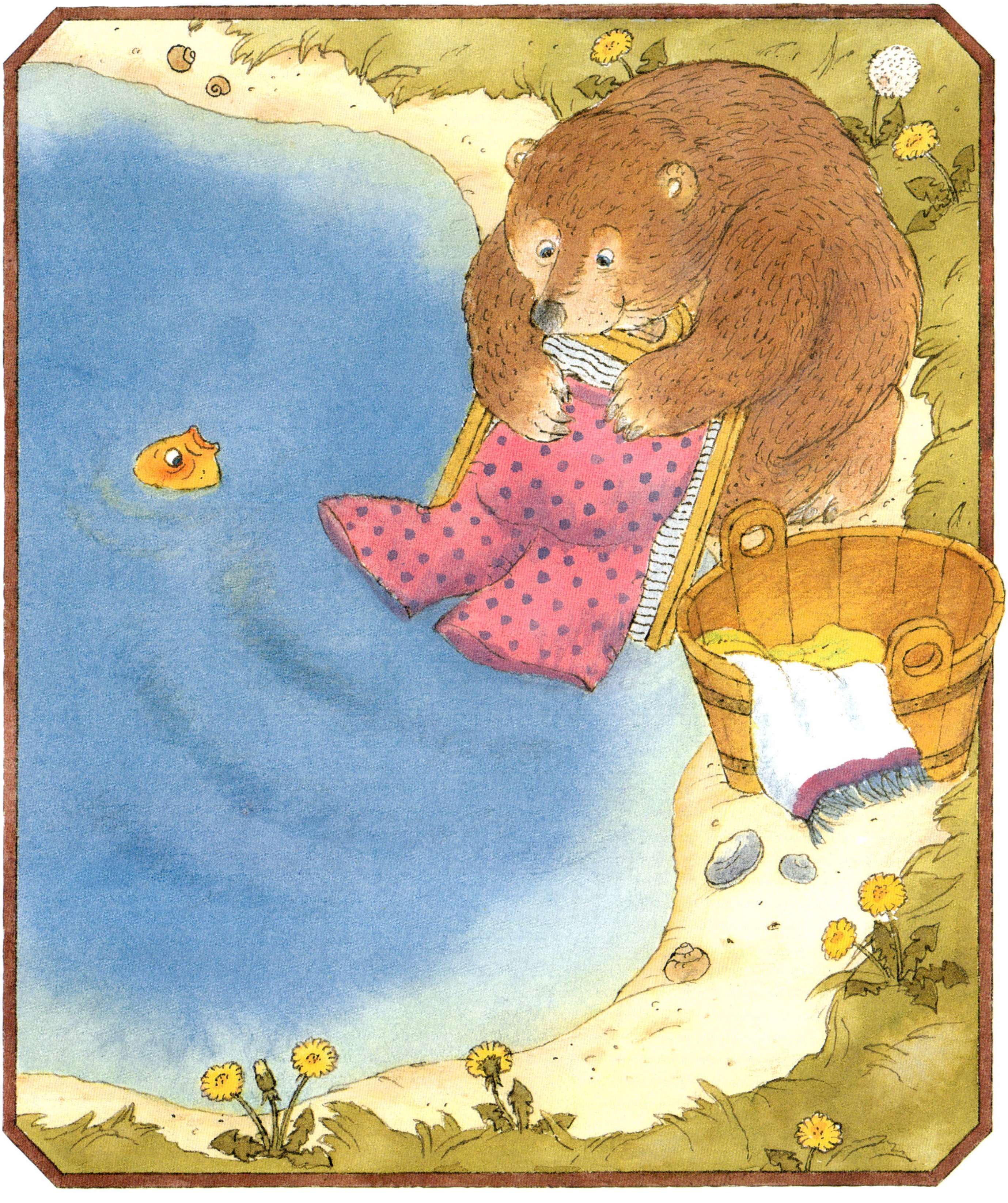

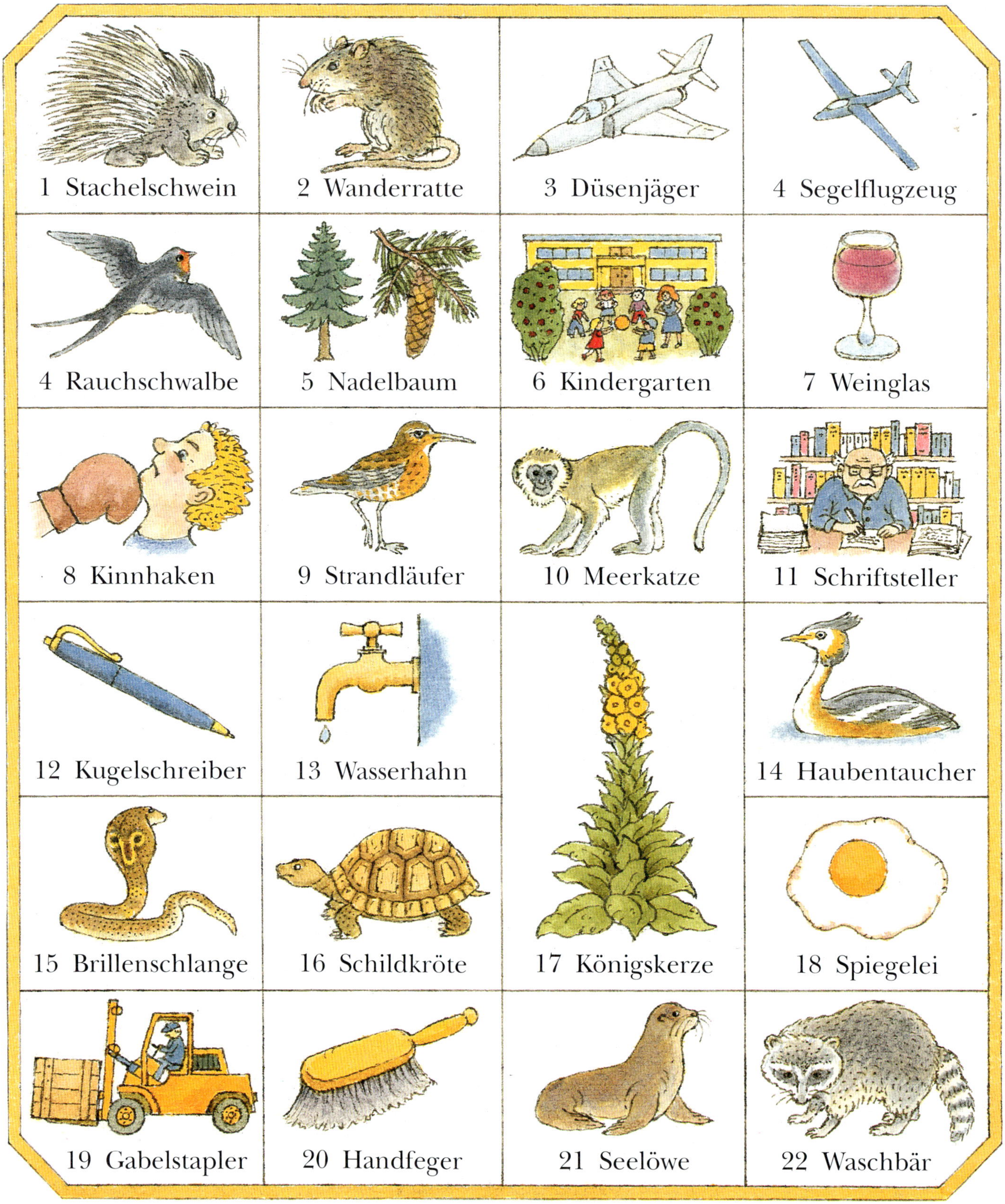

Auflösungen